LE

PERSIFLEUR,

COMÉDIE.

LE PERSIFLEUR,

COMÉDIE

EN TROIS ACTES ET EN VERS.

Représentée pour la premiere fois par les Comédiens François ordinaires du Roy, le 8 Février 1771.

Par M. DE SAUVIGNY.

Le prix est de 30 sols.

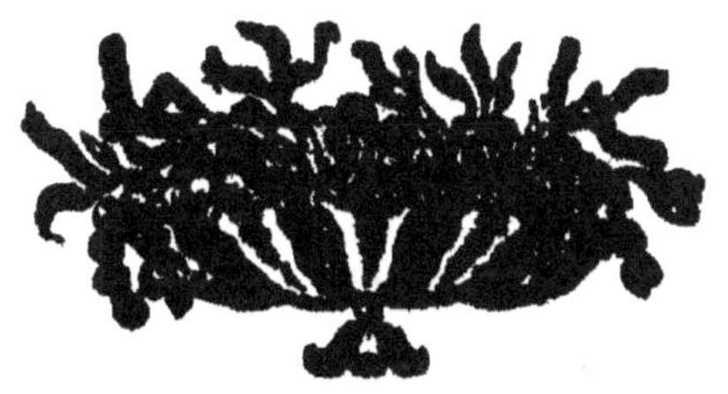

A PARIS,
Chez DELALAIN, Libraire, rue de la Comédie Françoise.

M. DCC. LXXI.

Avec Approbation & Privilége du Roy.

PRÉFACE.

LE hasard plutôt qu'une volonté décidée, m'a fait entrer dans une carriere non moins difficile que dangereuse. Je ne me doutois pas d'abord que le desir de célébrer une belle action pût me conduire au *Persifleur*. J'avois fait, pour une occasion particuliere, une petite Pièce (*) qui contenoit les principaux traits des caracteres de Saint-Clar

(*) *La Fête du Bienfaisant*. Le P.... qui en étoit l'objet m'a privé du plaisir de rendre publique une action bien digne de l'être. Dans la premiere Scene de cette Piéce les Paysans du canton se consultoient sur la maniere dont ils parleroient à leur Seigneur.

Prem. PAYSAN.

Si je disions très-Haut & très-Puissant ? ...

Deuxiéme PAYSAN.

Non, non.
Ne cherchons pas tant de façon,
Car quoique sa noblesse, à dire vrai, soit bonne,
Quoique j'adorions sa Maison,
Je l'aimons ben encor autant pour sa parsonne.

Troisi. PAYSAN. (*Le fils du P. jouoit ce rôle.*)

O m'est avis, à moi, qu'il s'roit bien nommé
Si je l'appellions le Bon Pere ;
Je gage un écu blanc qu'il en seroit charmé,
& que c'est, à part-lui, le titre qu'il préfere, &c.

& de Vilſin. Le plaiſir que parut faire ce dernier rôle me ſéduiſit, je crus qu'il pouvoit être le ſujet d'une Comédie, & je ne pus réſiſter à l'envie de l'eſſayer.

J'avoue qu'outre la difficulté de l'entrepriſe, j'ai enviſagé depuis tout ce qu'on riſque à vouloir moiſſonner dans le champ de la Comédie; il eſt auſſi vaſte & plus épineux que jamais. On ne trouve plus qu'il *ſoit bien* d'attaquer les vices & les abus de différentes profeſſions; c'eſt preſque manquer à la *décence* & à *l'honnêteté.*

Remarquez que depuis que les mœurs ne jouent plus le grand rôle dans le monde, on a voulu au-moins en conſerver une eſpèce de tradition dans la langue. On a de grands mots à *prétention*, & chacun en tire le meilleur parti qu'il peut.

Depuis les femmes de la ſociété les plus affichées juſqu'aux plus petites bourgeoiſes qui ſe donnent les airs d'être femmes galantes, toutes passent leur vie à parler d'*honnêteté* aux amants qu'elles prennent, de *mœurs* à ceux qu'elles quittent, & de *procédés* à leurs maris; il n'y a pas jusqu'à la courtisane qui ne trouve, quand elle a fait fortune, qu'il est *décent* pour elle de se marier, afin d'être comme *tout le monde*, & de se dire une *femme honnête*. Les hommes, enfin, dont la passion pour des dépenses superflues augmente à mesure que les professions utiles ont un plus grand besoin d'eux, ces hommes qui, depuis dix ou douze ans se ruinent à changer d'ameublemens, à décorer leurs maisons & à mille autres choses de luxe & de vanité, si vous les écoutez vous ne les entendrez parler que d'*humanité*, de *bienfaisance*; cent fois par jour ils vous diront confidamment qu'ils ont une ame d'une *sensibilité incroyable*. La Morale a maintenant ses hipocrites comme en avoit autrefois la Religion. Hypocrisie qui a su peu-à-peu introduire une tolérance destructive, en éteignant dans les cœurs, comme dit le Misantrope,

Ces haines vigoureuses
Que doit donner le vice aux ames vertueuses.

C'est cette tolérance qui est cause que l'honnête homme & le scélérat se trouvent à tout moment confondus ensemble ; elle est presque parvenue à les faire regarder du même œil.

Il n'y a pas encore long-tems qu'on étoit exclus de la société pour des choses *reçues* aujourd'hui. Les premieres femmes, qui ont donné des *soupers arrangés*, ont d'abord révolté la bonne compagnie ; & par une inconséquence bien digne de notre siécle, les autres femmes les ont en même tems imitées & bannies de la société.

Voici les vers que j'avois faits sur ces soupers, & que j'ai retranchés.

VILSIN *à Saint-Clar.*

Je vois pourtant dans tout cela
Un espoir où ton cœur se fonde.
Quand mon hymen éclatera,

Ma femme & toi, Marquis, on vous invitera
A tous les ſoupers du grand monde,
Et ſans moi, comme de raiſon,
(*voyant venir Sophie.*)
Moi, je reſpecterai vos décens tête-à-têtes;
Il faut bien imiter les procédés honnêtes
De nos maîtreſſes de maiſon.

Une femme aujourd'hui change d'amans, & conſerve ſa réputation d'*honnêteté* tant qu'elle veut, pourvu qu'elle ne diſcontinue pas de voir les autres femmes. On n'a pas moins d'indulgence pour les hommes.

Par exemple, que l'on publie
De nos jeunes Seigneurs les ſcandaleux éclats;
Fuſſent-ils reconnus mauvaiſe compagnie,
La moitié de Paris ſur leur compte varie;
On ſoutient que cela n'eſt pas.
L'eſprit a bien gagné dans le ſiecle où nous ſommes,
On a l'art de tout faire & de tout réparer;
Et je ne vois enfin que le plus ſot des hommes,
Qui puiſſe réuſſir à ſe déshonorer.

Si je voulois entrer dans quelques détails

ſur les mœurs du jour, je ferois voir que les Auteurs comiques peuvent trouver autant de vices & de ridicules que dans le ſiécle paſſé; & qu'ils réuſſiroient à les peindre s'ils avoient plus d'encouragement & de liberté : je ne parle point de cette liberté républicaine qui dégénere preſque toujours en licence, mais de celle qu'un gouvernement monarchique doit autoriſer, s'il veut que les travaux de l'homme de lettres tournent au profit des mœurs.

Actuellement on a l'eſprit ſi petit & ſi minutieux, qu'à la lecture d'une Tragédie ou d'une Comédie manuſcrite, il y a des gens qui ne ſont occupés qu'à chercher des applications à telles ou telles perſonnes, applications très-injurieuſes de la part de ceux qui les trouvent. Une foule d'Importans, ou autres, qui n'ont jamais lu, ni réfléchi, s'écrient à tout ce qui a l'air d'une penſée: *Ceci me paroît fort, voilà qui ne paſſera pas.* Le Cenſeur qui ne veut pas déplaire à de certaines perſonnes, cherche auſſi de ſon côté

& fait la guerre aux mots ; l'Auteur ſauve ce qu'il peut, & ſon ouvrage arrive tout mutilé ſur la ſcène & à l'impreſſion. Il n'y a plus que le Drame qui puiſſe ſe tirer ſain & ſauf des mains du Cenſeur, & on ſe doute bien pourquoi.

Il eſt étonnant, & ſans doute malheureux pour le goût, que ce ſoit les gens de lettres en général qui cherchent à mettre en faveur ce Genre abâtardi.

Dans le tems qu'on avoit un goût plus ſévere & plus juſte, on admiroit Quinaut, & l'on condamnoit le Genre de ſes *Drames lyriques*, parce qu'il n'eſt pas ſuſceptible de développemens. On m'avouera cependant que les ouvrages charmans de Quinaut ſont encore plus développés que les nouvelles pantomimes dramatiques qui réuſſiſſent bien plus au théatre par les yeux que par les oreilles.

Il eſt aujourd'hui une foule d'amateurs dont l'admiration bien fondée pour tels ou tels hommes célèbres est devenue exclusive & tirannique; le zèle indiscret des uns, les petites intrigues des autres pour faire réussir ou avorter les productions nouvelles, ont porté le dernier coup aux Arts. C'est, sans doute, une des choses qui contribue le plus à dégouter les Grands de la littérature, & à faire perdre aux gens de lettres la faveur méritée dont ils ont joui pendant plus d'un siecle.

Il n'y a pas encore long-tems que l'homme de qualité avoit besoin d'être un peu bel esprit pour être à la mode; à présent ce n'est plus cela.

Il faut de la gaieté seulement par accès,
L'air de n'avoir point d'airs, un peu d'humeur peut-être,
Qu'on puisse dire il est charmant quand il veut l'être,
Et pour les Comités garder les jolis traits;
C'est aux petits Soupers qu'on a les grands succès.

La fureur de jouer la Comédie devenue

générale ; vient d'amener depuis quelques années le goût des *proverbes*. La facilité de les composer & de les exécuter sur le champ les soutient depuis quatre ou cinq ans.

C'est avec ces petites *scènes improvisoires* que se sont développés les talens de ces nouveaux bouffons, de ces tristes plaisans de société qui se piquent de tout contrefaire, & d'être toûjours dans le monde comme s'ils jouoient une Comédie. Tantôt ils plaisantent sous le voile de l'approbation, tantôt en faisant tomber dans quelque embuscade, & toûjours en amusant les autres & eux-mêmes aux dépens de quelque victime. C'est là ce qui constitue, non le Persifleur de telle ou telle société, mais le Persifleur en général, homme froid & fatiguant à la longue, homme vraiment méprisable & odieux, quand sa grande jeunesse ne le rend pas excusable. Tel est le ridicule que j'ai voulu peindre, qui ne tient ni de l'*Homme du Jour* ni du *Méchant*. J'ai cru rendre un véritable service à la société,

& sur-tout aux jeunes gens qui se croient obligés de persifler pour être du bon air.

Tous les jours vous entendez dire avec regret que les traces de Moliere sont perdues, & sans doute on a raison. Mais croyez que ces mêmes hommes qui se plaignent tant qu'on ne fait plus rien dans le genre de la vraie Comédie, se plaindroient bien davantage si quelqu'un avoit assez de courage pour entreprendre ce qu'ils demandent & de génie pour l'exécuter.

Voyez le Public, après la représentation de la piéce la plus foible où quelques ridicules auront été saisis, une nuée de mécontens s'elève, c'est un déchainement subit & presque général; l'amour-propre humilié crie à la satyre, & la calomnie parvient quelque-fois à faire passer pour un esprit caustique & dangereux tel homme qui a horreur des personnalités, mais qui déteste sincérement les vices, qui sent bien qu'il a ſacrifié le repos de ſes jours au deſir courageux de dire la vérité aux hommes, d'attaquer leurs prétentions ridicules, & de venger enfin cette malheureuſe vertu qu'on opprime & qu'on perſifle.

J'ai ridiculiſé des travers, des abus ;
J'ai vengé l'innocence en proie aux injuſtices.
On n'eſt pas l'ami des vertus
Sans être l'ennemi des vices.

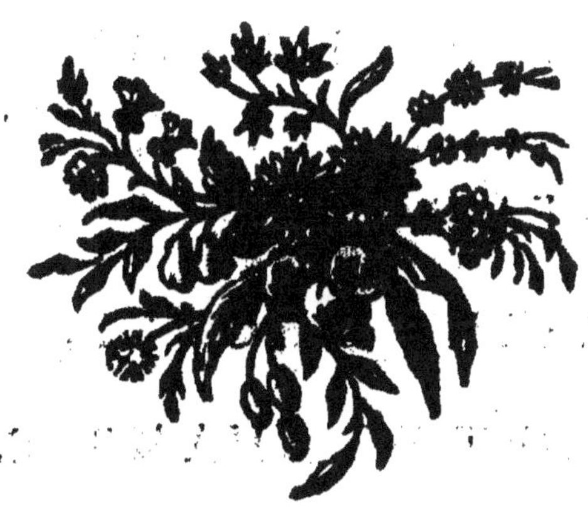

ACTEURS.

LA COMTESSE DE PONTIEU. M.e Preville.

LA BARONNE DE*** M.lle Hus.

LA MARQUISE DE*** M.r Molé.

SOPHIE. M.lle Doligny.

LE COMTE DE VILSIN. M.r Molé.

LE MARQUIS DE SAINT-CLAR. M.r Monvelle.

UN NOTAIRE.

UN MAITRE D'HOTEL.

UN VALET DE CHAMBRE.

La Scene est dans le Sallon du Château de Pontieu.

Aux pages 22 & 23 on a mis LA COMTESSE, & à la page 24 LA VICOMTESSE, au lieu de LA BARONNE. Page 30, Il ne faut pas tirer *lisez*, Il n'en faut pas tirer la moindre conséquence.

LE

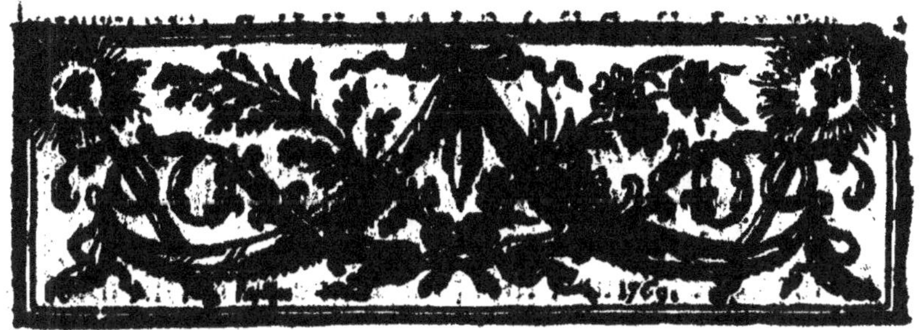

LE PERSIFLEUR,

COMÉDIE EN TROIS ACTES ET EN VERS.

ACTE I.

SCENE I.

LA MARQUISE, SOPHIE.

LA MARQUISE.

DANS la plus riante campagne,
Si vous vous ennuyez, vraiment vous m'étonnez;
Au Couvent, l'an passé; j'étois votre compagne,
C'étoit là le séjour de l'ennui: convenez
Que nous étions pourtant bien folles, ma Sophie;
Comment votre gaieté s'est-elle évanouie?

SOPHIE.

C'est dissimuler trop long-tems :
Ah ! Marquise, il m'est impossible
De déguiser mes sentimens ;
Je sens que, pour Vilsin, ma haine est invincible.

LA MARQUISE.

Le Comte de Vilsin, ce fat, ce merveilleux,
Qui, sans quitter jamais le ton du persiflage,
Des plus beaux sentimens fait un vain étalage ?

SOPHIE.

Oui, lui-même, il m'est odieux.

LA MARQUISE.

Sans peine je le crois.

SOPHIE.

Vous savez que son pere
Est maître du Château qu'habitoient mes ayeux ;
Eh bien, pour terminer un procès ruineux
Vilsin a proposé de m'épouser.

LA MARQUISE.

J'espere
Que le maître d'ici, le Comte de Pontieu,

SOPHIE.

De sa pupile il ne s'occupe guere ;
Il n'a jamais aimé que la chasse & le jeu ;
Il a, des gens de Cour, le langage ordinaire,
Promet beaucoup d'agir, ne se mêle de rien,
Et se croit philosophe en mangeant tout son bien ;
La Comtesse qui, seule, a pris en main ma cause,

Et qui même en fait tous les frais,
Voyant que cet himen peut finir le procès,
Goûte l'arrangement que Vilsin lui propose:
Comment la refuser, voyez si je le peux?
Je lui dois tout, j'ai tout à craindre,
Un cœur sensible & malheureux
Est, par-là, doublement à plaindre.

LA MARQUISE.

Je soupçonnois le Marquis de Saint-Clar,
Avant qu'il eût couru la Prusse & l'Allemagne;
De vous aimer,

SOPHIE.

Peut-être.

LA MARQUISE.

Eh mais par quel hazard
Ne vient-il point? Est-il à la campagne?
Que fait-il?

SOPHIE.

Il est de retour,
Et je dois le revoir avant la fin du jour.
Que pensez-vous de lui?

LA MARQUISE.

Sans que je vous le dise
Vous le savez déja: parlez avec franchise,
Vous l'aimez.

SOPHIE.

J'en conviens.

LA MARQUISE.

Eh bien, tenez *mon cœur*,

Ce choix, dans mon esprit, vous fait beaucoup d'honneur:
Saint Clar est ce qu'il faut que l'on soit dans le monde.
De nos jeunes Seigneurs l'ignorance profonde,
L'air fat, évaporé ne lui ressemble en rien;
Connoissant ses devoirs & les remplissant bien,
Il n'a point imité ces héros des toilettes,
Jolis faiseurs de vers, amateurs d'ariettes,
De nos Savans du jour les fatiguans échos,
Qui n'ont pour tout esprit que du faste & des mots.

SOPHIE.

Comme il sait estimer l'honorable indigence,
Comme il ne voyageoit qu'afin de s'éclairer,
Il se faisoit considérer
Par sa personne & non par sa dépense.
Que nos petits Marquis, alliant les grands airs
A la plus grossiere indécence,
Par leur fatuité, leurs vices, leurs travers,
Chez les Peuples voisins deshonorent la France;
Qu'une fausse magnificence
Soit l'unique objet de leurs vœux,
Saint-Clar n'a jamais eû, comme eux,
L'indigne vanité d'afficher l'opulence
Aux dépens de cent malheureux.

LA MARQUISE.

Je crois que ce portrait ne réussiroit guere
Près de nos gens d'un certain ton;
Cependant je ne dis pas non.
Dans leurs petits boudoirs nos femmes s'extasient
Sur les devoirs de l'homme & de l'humanité;

Nos jeunes gens, entre eux, la plûpart se copient;
Je trouverois plaisant, en vérité,
Que par ce monde-là Saint-Clar fût imité.
Vous ne m'écoutez point.

SOPHIE.

Vilsin est bien habile;
Le procès l'inquiette, il presse vivement,
Il veut se marier avant le Jugement,
Obtenir même un jour seroit très-difficile.

LA MARQUISE.

La Comtesse a fini son service à la Cour,
Elle revient, vous l'allez voir paroître,
Et Saint-Clar enyvré d'espérance & d'amour,
En toute diligence arrivera, peut-être,
Pour vous voir marier.

SOPHIE.

Il me reste un espoir:
Saint-Clar doit être ici ce soir;
Il est parent de la Comtesse,
S'il veut y mettre un peu d'adresse,
Il peut l'intéresser

LA MARQUISE.

C'est ce qu'il faudra voir;
En faveur de Vilsin je la crois prévenue.

SOPHIE.

N'importe, on nous a dit qu'il ne l'a jamais vue,
On peut faire changer le goût qu'elle a pour lui,
Lui dire qu'il n'est plus à la mode aujourd'hui.

LA MARQUISE.

Le faire voir en ridicule,
Je vous seconderai sans le moindre scrupule.

SOPHIE.

Le peindre comme un fat très-médiocre, enfin;
L'offrir sous les couleurs que son bon cœur mérite.
Elle aime les portraits, si celui de Villin
Est fait adroitement, on peut être certain
De la plus prompte réussite:
Avec M. le Comte il chasse en ce moment,
Et n'a pas pû la voir encore.

LA MARQUISE.

Assurément.
La Comtesse, il est vrai, femme sans caractère,
Suit assez volontiers son premier mouvement;
Son cœur est aussi bon que sa tête est légère;
J'ai vû qu'en s'y prenant de certaine manière,
On lui faisoit haïr ce qu'elle alloit aimer.

SOPHIE.

O je puis vous le confirmer.

LA MARQUISE.

Cela suffit, j'en ferai mon affaire:
Je vois que de Saint-Clar elle sera l'appui,
Et notre merveilleux aura beau vouloir plaire,
Vous pouvez bien compter que tout est dit pour lui.

SOPHIE.

J'entends du bruit, c'est elle; allons, ma bonne amie,
Ne m'abandonnez pas.

LA MARQUISE.

Du courage, Sophie.

SCENE II.

LA COMTESSE DE PONTIEU, LA BARONNE DE***, LA MARQUISE DE***, SOPHIE.

LA COMTESSE.

Six heures pour venir, quel ennui! la saison;
Marquise, est bien insuportable;
Il fait un soleil *exécrable*,
C'est *odieux*!

LA BARONNE.

O vous avez raison.

LA MARQUISE.

Assurément.

LA COMTESSE.

Eh bien, Mademoiselle;
Vous plaisez-vous ici?

SOPHIE.

Madame infiniment.

LA BARONNE.

Ce séjour est divin, délicieux,

LA MARQUISE.

Charmant.

SOPHIE.

Aujourd'hui je lui trouve une grace nouvelle.

LA COMTESSE.

Qu'elle a d'esprit, & qu'elle est belle !
(*à la Marquise.*)
Nous l'allons marier au Comte de Vilsin,
Je ne pense pas le connoître,
Quel homme est il ?

LA MARQUISE *faisant signe à Sophie.*

Je ne sais:

LA COMTESSE.

Mais enfin.

LA MARQUISE.

Vous verrez ce qu'il est par tout ce qu'il veut être.

LA COMTESSE.

Homme à prétentions sans doute ?

SOPHIE, *à la Marquise.*

Entendez-vous.

LA COMTESSE.

Parlez à cœur ouvert, la chose est importante,
On peut tout dire ici, nous sommes entre nous.
Faites moi son portrait.

SOPHIE, *à part.*

Bon, voilà qui m'enchante.

LA COMTESSE.

A-t'il un Régiment ?

LA BARONNE.

O oui, depuis soixante.

LA COMTESSE.

Dit-on qu'il soit bon Officier?

LA BARONNE.

Il vient d'être fait Brigadier.

LA COMTESSE.

Quel est son bien?

LA MARQUISE *avec dédain.*

Dix mil écus de rente.

LA COMTESSE

C'est-à-dire qu'il est comme tout le monde.

LA MARQUISE.

Oui;

Mais pour le caractère, il n'est comme personne.

LA BARONNE.

C'est le fléau des sots & de l'ennui.

LA MARQUISE.

Il a tous les travers qu'un esprit faux se donne.
Travers si communs aujourd'hui,
De cent demi talens assemblage bizare,
Tous les petits succès dont il est ébloui
En font un personnage rare.

LA BARONNE.

Il vous enchantera.

LA MARQUISE.

Souvent même il se pare

Des vertus, des talens, de la gloire d'autrui;
Il a tout vû, tout fait, & tout dépend de lui.

LA BARONNE.

Je vous le disois bien, c'est un homme incroyable
Que Vilsin, c'est la grace & la légéreté.

LA MARQUISE.

C'est toûjours l'ironie & la fatuité.

SOPHIE.

Continuez.

LA BARONNE.

Oui, c'est vraiment un agréable.

LA MARQUISE.

Il est d'un amour-propre!

LA BARONNE.

Il est d'une gaieté!

LA MARQUISE.

Il est faux.

LA MARQUISE.

Il est sûr.

LA MARQUISE & LA BARONNE.

Dans la société.

LA COMTESSE.

(*à la Marquise.*) (*à la Baronne.*)
Je vous entends, il est un peut fat, mais aimable.

LA MARQUISE.

Il vous fera sonner ces magnifiques mots,
Honneur, honnêteté, sentiment & nature;

Et la candeur d'une ame pure ;
Que sai je, enfin, cent mille autres propos ;
Appas emmiellé qui ne prend que les sots.
Comme on lui passe tout, souvent il a le verbe
Très-haut, & quand il cherche à se faire écouter,
Qu'il soit dans ses grands airs ou veuille plaisanter,
C'est toûjours avec l'air de jouer un *proverbe* :
Il est grave & bouffon, froid & chaud tour-à-tour ;
Et vous persifle même en donnant le bon jour.

LA COMTESSE.

Ah charmant ! de le voir j'ai la plus grande envie.
Est-il bien de figure ?

LA BARONNE.

Oui, beaucoup mieux que mal.

LA COMTESSE.

Malgré cela je crains que notre original
Ne vaille pas votre copie.

LA MARQUISE.

C'est un assez fade blondin,
L'œil mourant, le teint pâle ; ivre de sa parure ;
Il sourit à lui-même avec un ton badin,
Tenant son jabot d'une main,
Et du bout de ses doigts caressant sa figure.

LA COMTESSE.

Eh mais ! j'ai rencontré dans le monde un Vilsin
Qui doit lui ressembler.

LA BARONNE.

Sa figure est fort vive.

LA COMTESSE.

Ne voit-il pas la Duchesse de Rive ?

LA BARONNE.

O non, il n'y va plus depuis. . . . .

LA COMTESSE.

Tant mieux pour lui,
Car c'est une Maison où l'on périt d'ennui.
(*mistérieusement à la Marquise.*)
Vous avez sur Villin dit tout ce que je pense,
Et très-adroitement saisi chaque nuance
De son portrait.

SOPHIE, *avec joye.*

Eh bien, se fait-elle prier ?

LA COMTESSE *à Sophie.*

Et puisqu'il faut vous marier,
J'approuve fort cette alliance.

SOPHIE.

Ciel !

LA MARQUISE *à part.*

J'ai pris un moyen qui m'a bien réussi;
Mais comment se douter aussi. . . . .

LA COMTESSE *à Sophie.*

Vous êtes enchantée.

SOPHIE.

Ah, Madame !. . . peut-être
Il seroit mieux de se connoître
Avant de s'engager.

LA COMTESSE.

Je vous approuve fort :
Car, voyez-vous, du pas qu'ici je vous fais faire,
Va pour toujours dépendre votre sort.
Ne précipitons rien dans toute cette affaire ;
Il ne faut pas juger légerement autrui.
Je sens que pour sonder à fond son caractère,
J'ai besoin d'être au moins un quart d'heure avec lui.

LA MARQUISE, *bas.*

Ah, quelle folle !

SOPHIE, *bas.*

Elle me désespere.

LA MARQUISE, *bas.*

Pourquoi ? vous avez tort, il faudra voir, enfin.

SCENE III.

LES ACTEURS PRÉCÉDENS, UN VALET DE CHAMBRE.

UN VALET DE CHAMBRE.

MONSIEUR le Comte de Vilsin.

LA COMTESSE *l'appercevant.*

Eh oui, j'avois bien dit.

SCENE IV.

LES MEMES, LE COMTE DE VILSIN.

LE COMTE DE VILSIN.

Madame la Comtesse
Je devrois par quelqu'un vous être présenté,
Mais mon empressement, c'est une vérité,
L'emporte malgré moi sur ma délicatesse.

LA COMTESSE.

Je suis fort aise de vous voir,
Et de vos complimens, Comte, je vous dispense ;
Car je prétens vous recevoir
Comme une ancienne connoissance.

LE COMTE.

Ah, de cet excès de bonté,
Mon cœur est vivement flatté !

LA COMTESSE *montrant Sophie.*

Nous allons terminer.

LE COMTE.

Madame, je l'espere.

LA COMTESSE.

Tout est à peu près décidé.

LE COMTE.

Ce n'est pas l'intérêt que j'ai dans cette affaire ;
Mais c'est par sentiment pour la fille & le pere.

LA COMTESSE.

Voilà ce qu'on appelle un très-beau procédé.

LE COMTE.

La sensibilité, voilà mon caractère :
D'ailleurs ils ne sont pas de ces sortes de gens,

LA MARQUISE *à la Comtesse.*

Bon, il va persifler.

LE COMTE.

Qui se plaisent à faire
Parade de beaux sentimens,
Honneur, honnêteté, candeur, franchise extrême;
Haine des vices, des travers,
Pitié pour les sots, les pervers ;
Ils ont bien les vertus que j'aime.

SOPHIE.

De grace, épargnez-nous.

LE COMTE.

Pardon, c'est un malheur;
Mais c'est plus fort que moi, d'honneur ;
J'ai ce défaut là d'être uni, simple, sincere,
(*d'un air distrait & en allant à la Baronne.*)
Et je vous parle moi d'abondance du cœur.

LA MARQUISE *à la Comtesse.*

De persifler autrui, s'il se donne la peine,
Vous voyez que lui-même il ne s'épargne pas.

LA COMTESSE.

Il n'en croit rien *

SOPHIE.

Mais en tous cas
C'est pour se tenir en haleine.

LA BARONNE *montrant Sophie.*

Je vous trouve auprès d'elle un air intéressant.

LE COMTE.

O je suis quand je veux un homme attendrissant.

LA MARQUISE *à la Comtesse.*

La Baronne l'estime ; au moins on le publie.

LA BARONNE.

Aimez-vous la petite ?

LE COMTE.

Ah Dieu, quelle folie !
Vous n'y pensez donc pas ; l'aimer ! c'est un enfant !
(*à la Comtesse.*)
Nous parlons de Mademoiselle :
Ah quelle est mise galamment !
Que sa grace est touchante & vive & naturelle !
En vérité ce négligé charmant,
Vaut la parure la plus belle,
Elle me plaît infiniment.
(*à Sophie.*)
Je crois que votre époux deviendra votre amant,
Et je dis même amant fidele.

SOPHIE.

Ah qu'il est fat ! que je le hais !

LA COMTESSE.

Comte, à propos votre Baronne

Qui

Qui donnoit des caffés où je vous rencontrais,
Chez elle tout à-coup n'a plus reçu personne.

LE COMTE.

Vous renouvellez mes regrets ;
C'étoit une excellente femme.

LA COMTESSE.

Ridicule un peu, soyons vrais.

LE COMTE.

N'importe, je la révérois ;
Elle avoit une si belle ame !

LA COMTESSE.

Vous pouviez la révérer, mais
Vous la contrefaisiez avec un grand succès.

LE COMTE.

Ce n'étoit qu'entre nous, Madame ;
Car jamais autrement je ne me permettrois....

LA COMTESSE.

Pour la société, la voilà donc perdue ;
Au moins apprenez-nous ce qu'elle est devenue.

LA BARONNE.

Elle est morte, je crois.

LE COMTE.

Non pas, mais à peu près.

LA COMTESSE.

A peu près?

LE COMTE.

Oui. Le jour que Villsac l'a quittée ;

De dépit elle s'est jettée.

LA COMTESSE.

Ciel! où donc, s'il vous plaît?

LA MARQUISE.

Dans l'eau?

LE COMTE.

Non, non, dans la réforme.

LA COMTESSE.

Ah! la chose est touchante;
Elle avoit quarante ans:

LE COMTE.

Elle en a bien cinquante.

LA COMTESSE.

Elle est dans la réforme;

LE COMTE.

Et vit dans un Château.
Le trait est courageux, mais il n'est pas nouveau.
(*à Sophie.*)
Cette vie a pour vous des charmes, ce me semble;
Elle en aura pour moi mille fois plus encor.
Que l'amour tous les ans six mois nous y rassemble.
L'innocence & la paix sont le premier trésor;
Nous réaliserons ensemble
La chimere de l'âge d'or.

LA COMTESSE.

Cher Comte, la campagne & l'âge d'or peut-être.

Convenons en de bonne foi,
Ne sont faits pour vous ni pour moi.

LE COMTE.

Ah cependant au fond d'un azile champêtre,
On voit couler ses jours sans soins, sans embarras !
Vrai comme la nature, on est ce qu'on doit être,
On n'y desire point être ce qu'on n'est pas ;
Et le premier bien de la vie,
La santé s'entretient dans ce lieu plein d'appas ;
Le seul malheur c'est qu'on s'ennuie.

LA COMTESSE.

Le monde plaît, pourquoi? c'est qu'il offre un tableau
Dont le cadre est brillant & le fond se varie.
On a de tems en tems du piquant, du nouveau;
Mais la monotonie est au fond d'un Château.
Que voyons nous d'ici, dites moi je vous prie?
Des troupeaux dans un champ, des gueux dans un hameau,
Et toujours des gazons, des arbres & de l'eau.

SOPHIE.

Saint Clar ne viendra pas, non.

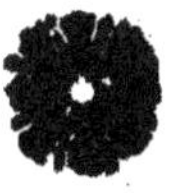

SCENE V.

LA COMTESSE, LA BARONNE, SOPHIE, VILSIN, UN MAITRE D'HOTEL.

LE MAITRE D'HÔTEL.

MAdame est servie.

SOPHIE, *bas à la Marquise.*

Je suis au désespoir.

LA MARQUISE.

Patience.

LA COMTESSE.

A propos;
Quoi! point d'hommes ici?

LE COMTE.

Madame, on chasse encore:
C'est un si grand plaisir, surtout quand il fait chaud!
La nuit vous les rendra.

LA BARONNE.

Peut-être bien.

LA COMTESSE.

J'ignore
Comment on peut chasser du matin jusqu'au soir;

On n'a que le moment de jouer pour se voir.
Le Comte doit dîner chez Madame d'Alaire.

LA BARONNE.

Dites en bien du mal, si vous voulez lui plaire.

LE COMTE.

J'y suis, j'y suis, laissez moi faire.
(*à la Comtesse.*)
Vous ne la voyez pas.

LA COMTESSE.

Non.

LE COMTE.

Tant pis, c'est fâcheux;
Vous eussiez fait ma paix.

LA COMTESSE.

Ils sont brouillés tous deux?

LA BARONNE.

Mais *à couteau tiré* depuis une semaine.

LE COMTE.

Ma foi c'est pour un trait qui n'en vaut pas la peine;
Vous rendez bien justice à mon honnêteté.
Elle a de la jeunesse, elle a de la naissance.
Un de nos Financiers des plus riches de France,
Se trouve son époux. Je crois, en vérité,
Que son état va bien avec l'air d'importance
Qu'elle a dans la société.
Nous nous étions montés sur un ton de gaité

Chez elle un soir, & l'on convint d'avance
Que tout ce qu'on diroit seroit sans conséquence.
Cinq ou six filles, là, de très-bonne maison,
Qui contre un bien solide avoient troqué leur nom,
Etaloient à l'envi la plus grande opulence,
Quand, par un cas plaisant, dans notre comité,
Tout ce qu'on appelloit femmes de qualité
Etoient des filles de finance.
Je le fis remarquer, mais sans malignité,
Je vis qu'on en rioit & j'en fis un proverbe;
Par nos conventions j'étois autorisé,
Déja l'on s'en étoit un moment amusé,
Déja je finissois une scéne superbe;
Mais Madame d'Alaire alors se ravisa,
En affaire d'Etat un simple badinage
Soudain se métamorphosa.
La dignité du personnage
Terriblement m'en imposa,
Je restai court & l'on me persifla.
A dîner je prétens vous dire
La fin de cette histoire-là,
Et d'où vient l'humeur qu'elle en a;
Je vous ferai mourir de rire.

SCENE VI.

LE COMTE DE VILSIN, LA COMTESSE.

LA COMTESSE.

Il ne faut pas ici long-tems nous arrêter,
Comte. Jusqu'à présent tout va le mieux du monde.

La Comtesse est pour vous, vous allez l'enchanter.

VILSIN.

La petite Sophie a l'air de résister
A cause de Saint-Clar. Mais que l'on me seconde;
De *haute lutte* ici je prétends l'emporter.

LA COMTESSE.

Saint-Clar vient, la Comtesse est, dit-on, sa parente.

VILSIN.

Bon, tout cela n'a rien qui m'épouvante;
Je lui prépare un tour de ma façon.
Je persiflerai tant notre jeune Caton,
Qu'il faudra qu'il s'impatiente.
On sait que la Comtesse est folle, extravagante;
Un tour fait à Saint-Clar lui paroîtra bouffon.
Le ridiculiser, c'est le couler à fond.

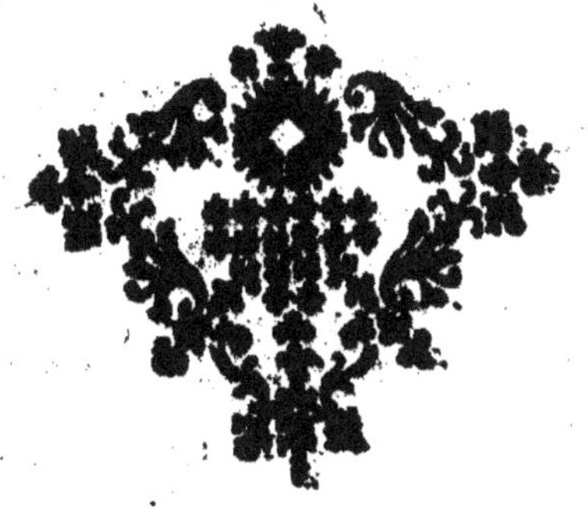

ACTE II.

SCENE I.

LA VICOMTESSE, VILSIN.

VILSIN.

Dites moi donc par quel hasard,
La Marquise aujourd'hui s'intéresse à Saint-Clar?

LA VICOMTESSE.

Elle vous aime, elle a, je vous le jure,
Fait de vous, mais d'après nature,
Le portrait le plus dénigrant;
Et, soit dit entre nous, ce qui m'a tant fait rire,
C'est que notre Comtesse, en ne cessant de dire
Que rien n'étoit plus vrai, vous a trouvé charmant.

VILSIN.

Je le crois bien, je me défie
De la Marquise & sur-tout de Sophie;
Mais contre elles déjà je me suis préparé;
Saint Clar est mon rival & rival préféré.
Je m'en vais peloter en attendant qu'il vienne.
A la Comtesse hier au soir,
Je fis un tour parfait. Je m'en fus à Compiegne,
Comme vous le savez, à dessein de la voir,
Je descendis chez Madame d'Albie.

LA BARONNE.

Vous m'allez compter là quelque bonne folie.

VILSIN.

M'avez-vous vû jamais en femme?

LA BARONNE.

Non vraiment.

VILSIN.

Tant pis, sans vanité je suis assez jolie.
J'arrivois, on arrange un *proverbe* à l'instant;
Les deux filles, le pere étoient de la partie;
Je n'en ai jamais vû de plus réjouissant.
Tisbé faisoit la prude, & la grosse d'Alban
Faisoit l'Agnès, ou bien la vouloit faire;
Ce n'est pas là le plus plaisant.

LA BARONNE.

Quoi!

VILSIN.

Le pere jouoit le rôle de leur pere
Vraiment à s'y tromper; moi, je faisois la mere.
La Comtesse attendüe, arrive en ce moment,
Et se méprend d'abord à mon déguisement.
Le jour prêt à tomber, le lieu me favorise,
Je m'en apperçois, je m'avise
D'un trait bien incroyable & bien extravagant.
J'interromps le proverbe & me donne pour femme
D'un gros Négociant d'Hambourg;
J'ai pour unique fruit de ma pudique flâme,
Un enfant de quinze ans, belle comme le jour.
En bonne mere de famille,
Je veux pourvoir au mieux ma fille

A qui je donne un million.
On cite alors Saint-Clar dans une occasion ;
Je l'ai vû dans Hambourg & je me le rappelle ;
Du mari que je cherche il est le vrai modèle,
Je me sentois pour lui de l'inclination.
La Comtesse saisit la conversation,
Parle de mariage, & de *fil en éguille*,
Me propose Saint Clar & je promets ma fille.

LA BARONNE.

Votre fille, ah! c'est là ce parti si brillant,
Dont à dîner tout bas elle me parloit tant.

VILSIN.

Complimentez-moi donc.

LA VICOMTESSE.

Le tour est impayable.

VILSIN.

Il faut que la Comtesse ait perdu la raison
Pour avoir pû donner dans un piége semblable ;
Mais moi qui l'ai tenté je suis plus excusable,
Car du siécle où l'on vit il faut prendre le ton,
Et plus le tour est fou plus il est raisonnable.
Le secret est encor gardé dans la maison,
Ainsi Saint-Clar est pris qu'il y consente ou non.

LA VICOMTESSE.

J'aime que la Comtesse en fasse votre gendre,
Je vois d'ici le Marquis s'en défendre.
Comme il va l'excéder en lui parlant raison!

SCENE II.

LA COMTESSE, LA BARONNE, LA MARQUISE, SOPHIE, VILSIN.

(*Pendant cette Scene on prend le Caffé.*)

LA COMTESSE.

Comte nous passerons l'été sans doute ensemble.

LE COMTE.

C'est le plus cher de mes souhaits.

LA COMTESSE.

Il faut en faire un peu les frais,
On le doit quand on vous ressemble,
Et je compte sur vous.
(*on prend des siéges*)

LE COMTE.

O tant que vous voudrez,
Mesdames, j'y consens; vous me seconderez.

PLUSIEURS DAMES.

Oui, oui.

LE COMTE.

D'abord il faut jouer la Comédie
Et l'Opéra Comique. Avez-vous de la voix?
Les proverbes sont ma folie.

LA BARONNE.

Je n'en connois encor de lui que deux ou trois ;
Il les rend, mais avec une grace infinie.

LA COMTESSE.

C'est qu'il a tous les *tics*.

LA BARONNE.

Il sait tous les *patois*.

LA COMTESSE.

Il prend tous les *accens*.

LA MARQUISE.

Savez-vous qu'autrefois
Il nous faisoit aussi d'excellentes parades.

LA MARQUISE.

Je le trouve étonnant dans les rôles Bourgeois.

SOPHIE.

Et moi dans les Abbés.

LE COMTE.

Mesdames je vous crois.

LA COMTESSE.

Je raffole de ses charades.
Il imite, à lui seul, un Orqueste à la fois.

LA BARONNE.

Ce n'est rien que cela, voyez lui contrefaire
Nos étourdis de soixante ans.

VILSIN.

Ces invalides de Cithère,
Petits vieillards décrépits, fémillans,
Qui, sous un faux toupet cachant leurs cheveux blancs,
Ont encor la fureur de plaire.
J'ai les airs nonchalans, les petits tons coquets
De nos Marquis délicats & fluets.
Remarquez-vous mon air d'ironie & d'aisance
(*regardant Sophie.*)
Quand j'aborde une femme avec prétention?

SOPHIE.

C'est la chose elle-même.

LA BARONNE.

Oui.

LA MARQUISE.

Bien plus qu'il ne pense.

LE COMTE.

Ce maintien roide en jouant l'importance;
Ces saluts de protection.
Je vais prendre à présent l'air capable & févère
Des jeunes Courtisans qui font les vieux Seigneurs.
J'ai bien fait rire un jour la petite d'Alquere
Quand elle reconnut ses freres & son pere.

LA BARONNE.

Incroyable.

LA COMTESSE.

Excellent.

LA BARONNE.

Et l'air des protecteurs.
Vous le saisissez bien.

VILSIN.

Quoi, de nos amateurs
Petits pédans ambrés ; non je ne les vois guère.
Ils sont passés de mode on n'en fait plus de cas ;
Mais nos bureaux d'esprit sont de petits états,
Voisins du pays des chimeres,
Où des Armides sans appas
Rassemblent leurs amis, *roitelets littéraires.*
Par eux tout est jugé définitivement,
Innovant dans les arts ou se l'imaginant,
Des réputations distributeurs habiles.
Cent fanatiques imbéciles
Qui vont toûjours les admirant,
Subalternes Midas & femelles Puristes,
Qui pensent tout savoir & veulent tout juger,
Entrainent le Public, oppriment les Artistes,
Et pour les avilir veulent les protéger.
Si quelqu'un par hasard avec de la naissance,
De protéger encore a la prétention,
Il n'en faut pas tirer la moindre conséquence,
Car c'est pour recrépir sa réputation,
Ou pour avoir une existence.

LA MARQUISE.

Le trait me paroît fort.

LE COMTE.

Vous m'y faites penser,

Ceci dit entre nous ne doit pas nous passer.
A propos d'amateurs j'imagine une chose,
M'avez-vous vû jamais *improviser*?

LA MARQUISE.

Non.

LA COMTESSE.

Vous n'avez rien vû?

LE COMTE.

Faut-il bien s'amuser?

LA MARQUISE.

Oui, tant que nous pourrons.

LE COMTE.

Eh bien, je vous propose
Des Drames en musique ou des Drames en prose.

PLUSIEURS DAMES.

En impromptu?

LE COMTE.

Mais oui, l'homme le plus commun,
Le plus mince amateur, Madame, en va faire un.
Aussi c'est pour cela qu'ils ont la préférence.
Des morts, des échaffauds, une sublime horreur,
L'accent de la nature indiqué par l'auteur,
La pantomime de l'acteur,
Et ces gros points qui font deviner ce qu'on pense,
Sont bien plus vrais que l'éloquence:
Il faut toucher les yeux pour arriver au cœur.

LA COMTESSE.

Ah qu'il est naturel !

LA BARONNE.

C'est un ton, une aisance!

SOPHIE.

Et sans vouloir être plaisant.

LE COMTE.

Ce qu'on nomme un plaisant, ma foi, je le déteste,
Et les prétentions à l'esprit ; mais, au reste,
Il faut à la campagne, être gai, complaisant,
De la gaité sur-tout, tenez comme à présent.

LA COMTESSE.

Moi, j'aime infiniment la gaité naturelle.

LE COMTE.

Tous n'ont pas, comme vous, le bonheur de l'avoir.

LA COMTESSE.

La Duchesse de Rive, est un parfait modele.

VILSIN.

Elle m'amuse fort, elle voit tout en noir.
Bel-esprit par systême & frondeuse éternelle,
De préférence elle reçoit
Des gens que dans le monde à peine on entrevoit,
Tout son plaisir est d'être singuliere,
De prétendre au grand mot considération ;
Et sur-tout de rompre en visiere,

Aux

Aux gens qui ſont du meilleur ton.
Vous ſçavez à préſent comme on fête, on careſſe
Par-tout la vieille de Verprix,
Qui, pour faire oublier les torts de ſa jeuneſſe,
De bons mots très-mordans égaya tout Paris,
La Ducheſſe oſe bien s'en plaindre,
Tout comme d'une choſe étrange à concevoir,
C'eſt pourtant ſimple, on a commencé par la craindre,
Et l'on a fini par la voir.

LA COMTESSE.

A propos de cela voit-elle Dandermonde?

LE COMTE.

Non.

LA COMTESSE.

Lui, qui va par-tout, qu'on s'arrache à préſent.

LE COMTE.

Elle lui trouve un ton trop libre.

LA COMTESSE.

Cependant
Il a ſon *franc parler*, c'eſt *reçu* dans le monde.

PLUSIEURS DAMES.

C'eſt *reçu*?

LE COMTE.

Rien n'eſt ſi plaiſant,
Elle refuſe de voir même

Jusqu'à sa belle-sœur.

LA COMTESSE.

Quoi, la jeune de Cleme
Qui vient de s'afficher! ô bien, elle a raison.

LE COMTE.

Mais je parle de l'autre aussi.

LA COMTESSE.

De l'autre! bon?
Quoi! l'autre belle-sœur? quel ridicule extrême!

LE COMTE.

Mais son goût pour Vaucler.

LA COMTESSE.

C'est un homme connu,
C'est différent; Vaucler depuis très-longtems l'aime,
C'est un goût respectable, en un mot, c'est *reçu*.

PLUSIEURS DAMES.

C'est *reçu*, tout est dit.

LA COMTESSE.

Cher Comte, votre amie
Est bégueule à l'excès.

LE COMTE.

Je ne puis le nier,
Mais de ce rôle-là peut-on mieux s'acquitter?
N'est-il pas vrai qu'il est des devoirs dans la vie,

Dont il ne faut pas s'écarter?
A quarante ans, l'époque eſt malheureuſe,
On n'a que deux partis, bel eſprit & joueuſe;
Ce dernier ne vaut pas la peine d'en parler;
On rencontre par-tout de ces vieilles momies,
Dont l'aſpect vous fait reculer,
Qui s'acharnent ſur vous ainſi que des furies,
Semblent, en vous trichant, vouloir vous égorger,
Paſſent au Cavaignol les trois quarts de leur vie,
Ou près d'un Vingt-&-un viennent vous allonger
Une main qui reſſemble aux griffes des Harpies.

LA BARONNE.

Je vous le diſois bien, le Comte eſt précieux.

LA COMTESSE.

La femme bel eſprit vaut infiniment mieux.

LA MARQUISE.

Je crois qu'elle ſe donne un plus grand ridicule,
Car il faut tant d'acquit.

LE COMTE.

Bon, fût-elle un Oiſon,
Qu'elle ſe voue aux gens à réputation,
J'en fais une Sapho. Le Public eſt crédule,
Mais je veux qu'en tenant une bonne maiſon,
Elle tranche ſur-tout, ſans rime ni raiſon,
Vous ne ſçavez donc pas que l'eſprit s'inocule?
La vaporeuſe à ſon docteur,
Et la femme d'eſprit ſon inoculateur.

(*On entend du bruit.*)

LA COMTESSE.

Quelqu'un nous arrive, je pense,
Le Marquis de Saint-Clar doit être ici ce soir.

LA MARQUISE.

C'est lui, sans doute, il meurt d'impatience
D'avoir l'honneur de vous revoir.

LA COMTESSE.

Sçavez-vous qu'il a fait une absence incroyable?

LE COMTE.

Saint-Clar qui vient de voyager,
Il a pris certain air raisonnable, étranger
Que je trouve excellent; d'ailleurs, je le révere,
Il revient d'Allemagne, il est grand Militaire.

LA MARQUISE.

Il a l'esprit vraiment solide & délicat,
Très-aimable.

LE COMTE.

Sur-tout dans un jour de combat.

LA BARONNE.

Ah! Madame, il faudroit le lui voir contrefaire.

LA COMTESSE.

Voyons.

LE COMTE.

Dispensez-m'en, car je le considere.

Je n'oserois.

LA COMTESSE.

Eh bien, quelle simplicité!

LE COMTE.

Vous ne connoissez pas encor mon caractere;
Toujours devant les yeux j'ai la peur de déplaire;
Je suis un enfant, moi, pour la timidité.
Essayons; mais songez, Madame la Comtesse,
Que c'est vous qui me l'ordonnez.
J'arrive par ici. — Lentement je m'empresse. —
Voici que du Château, je cherche la Maîtresse. —
J'ouvre, d'un air distrait, deux grands yeux étonnés.

LA COMTESSE.

C'est une bonne créature
Que le Comte.

LE COMTE.

Voyez que je prens un maintien;
Quand je vous reconnois, je cours. » *Je vous assure*
» *Que je me suis vingt fois présenté.* «
(*Baisant la main de la Comtesse.*)

LA BARONNE.

Bien.

LA COMTESSE.

Très-bien.

LE COMTE.

A votre porte. — on rit, — & je ne dis plus rien.
Je suis un peu sérieux, un peu tendre.

(*à Sophie.*)

Je vous salue, & vous me regardez,
Plus tendrement vous m'entendez,
Ou vous ne voulez pas m'entendre.

SOPHIE *à part.*

Sçauroit-il mon secret?

LA COMTESSE.

C'est frappant.

LA BARONNE.

C'est cela.

LE COMTE, *regardant Sophie.*

C'est pour vous éprouver ce que j'en ai fait là.
A présent tout de bon je vais mieux vous surprendre.
(*Il va jusqu'à la porte, & regarde.*)
Ce sera si frappant que vous crierez: *Holà.*
On ouvre, l'on annonce, il paroît, le voilà.
(*Il présente effectivement le Marquis de Saint-Clar, en disant ces derniers mots.*)

SCENE III.

LES MEMES, LE MARQUIS DE SAINT-CLAR.

LE COMTE *poussant le Marpuis de façon à l'empêcher de voir la Comtesse.*

QUE je t'embrasse.... encor.

LE MARQUIS.

Quel excès de tendresse!
Laisse-moi saluer Madame la Comtesse.

(Il la cherche des yeux.)

LE COMTE, *éclatant de rire.*

Mais voyez-vous comme il a l'air surpris?

LE MARQUIS.

Ah! Madame, depuis mon retour à Paris,

(baisant la main de la Comtesse.)

Je me suis présenté vingt fois à votre porte.

(les femmes rient.)

LE COMTE.

Tu le vois, mon ami, le plaisir nous transporte.

LA COMTESSE *en riant.*

Marquis, pardonnez-moi mon incivilité,
Ce que nous faisons là, d'honneur, est effroyable. —
Le Comte de Vilsin. — Si vous pouviez sçavoir. —
Il nous a tant fait rire. — Il est insupportable.

LE COMTE.

Je le reconnois bien.

LA COMTESSE *en riant.*

J'en suis au désespoir.

(Sophie est placée de façon que le Marquis ne sauroit aller près d'elle.)

LE MARQUIS.

Madame, pourquoi donc? Le bonheur de vous voir
Me dédommage assez.

LA COMTESSE.

Vous êtes bien aimable.

LE COMTE.

Il est vrai; convenez que le Marquis au fond
A bien la plus belle ame, est le meilleur garçon.

(le Comte fait signe à la Baronne qui se leve & affecte de parler bas au Marquis pendant ce temps-là).

(bas à la Comtesse.)

L'avez-vous vu quelquefois en colere?
La chose est très-facile, & rien n'est si bouffon.
Il ne sçauroit souffrir qu'on le plaisante.

LA COMTESSE.

Bon,
Vous nous en donnerez le plaisir, je l'espere.

LE COMTE.

Volontiers; vous verrez quelle humeur, quel jargon; *(plus haut.)*
Le cher Saint-Clar me boude; oui, vous avez raison,
Je vous dirai pourquoi, la cause en est légere.
A son retour de Vienne il fut d'abord souper
Chez une jeune Présidente,
Où l'on s'étoit donné le mot de l'attraper.
En Baron Allemand j'arrive, on me présente;
J'avois une perruque admirable, excellente,
Des sourcils, une voix vraiment à s'y tromper;

Il est des nœuds secrets, il est des sympathies.
D'une belle amitié nous nous prenons tous deux,
On faisoit un silence, il ouvroit de grands yeux;
Mes mines, mon jargon, mon air, mes reparties,
Mes *qui pro quo* sur-tout étoient *divins*,
C'étoit autour de nous des rires *inhumains*,
Et lui dans tout cela, l'*enfant qui vient de naître*.
De plus en plus je le *poussois*,
Et même en lui parlant je le contrefaisois
Sans qu'il ait pu me reconnoître.

LE MARQUIS.

Seras-tu le même toujours?
Veux tu toujours prétendre au titre d'agréable?
Le persifflage, en vogue de nos jours,
Est le ton le plus détestable.

LE COMTE *à la Comtesse & à la Baronne.*

Vous voyez.

(*A Saint-Clar.*)

J'en conviens.

LE MARQUIS.

Il n'est accrédité
Que par ces cœurs glacés, par ces petites ames
Dont la souplesse ou la futilité
Sait caresser la vanité
De nos Riches oisifs, de ces Grands, de ces femmes.

LE COMTE *à la Comtesse & à la Baronne.*

Eh bien!

LE MARQUIS.

Qui n'ont ni mœurs, ni sensibilité.

LE COMTE.

Il eſt vrai qu'on les voit dans la ſociété,

(montrant le Marquis.)

A la victime qu'on immole
Devoir tout le ſuccès de leur malignité.

LE MARQUIS.

Et les premiers martirs d'une fauſſe gaieté,
N'être plaiſans que ſur parole.

LE COMTE.

Je t'y prends, mon ami, tu veux être mordant.

(à la Comteſſe.)

Triſte Prôneur des mœurs antiques,
Il m'a pulvériſé par ſes bons mots gothiques.

LA COMTESSE.

C'eſt qu'il ne ſçait rien voir en grand.

LE COMTE.

Vous voyez contre moi comme Saint-Clair s'anime,
Et vous ſçavez pourtant ſi je l'aime & l'eſtime.

LA COMTESSE *à Saint-Clar.*

Il m'a parlé de vous d'un ton qui m'a touché.

LE COMTE.

Tu ne ſçais pas combien je te ſuis attaché;
Crois-moi, voyage moins, & connois mieux la route

Qui mene à la fortune, aux honneurs, au crédit;
Quoi qu'on pense, quoi qu'il en coûte,
Il faut prendre toujours le ton qui réussit.
Je suis fâché qu'un rien allume ta colere,
Car j'ai vu, par exemple, à ton air étonné,
Que de te persiffler tu m'avois soupçonné.

LA COMTESSE *se levant.*

Votre morale est trop sévère,
Et votre esprit me semble encor plus ombrageux,
Mais j'aime votre caractère,
Et pour mieux l'adoucir, je veux
Que bientôt une femme aussi belle que sage,
En s'unissant à vous, puisse vous rendre heureux.

LE COMTE.

Son bonheur & le mien seront donc votre ouvrage.

LA COMTESSE.

Oui, vous serez contens tous deux.

LE MARQUIS.

Ah! j'en accepte le présage.

LE COMTE.

Accepte, tu fais bien. — La chasse est de retour.

LA COMTESSE *au Comte.*

Bon. Je vais m'occuper de votre mariage.
Quand il sera fini....

LE COMTE.

Saint-Clar aura son tour.

SOPHIE *au Marquis en sortant.*

Défaites-vous, si la chose est possible,
Du Comte de Vilsin.

LE COMTE.

Leur amour est visible.

SOPHIE.

J'aurois à vous parler.

LE MARQUIS.

Vous allez revenir.

LA MARQUISE.

Attendez-nous.

LE COMTE.

Comment! la petite lui donne
Un rendez-vous! Fort bien. Ah! c'est qu'elle est si bonne!
Il faut m'en amuser d'abord, & les punir.
(à Saint-Clar.)
Adieu.
(à part.)
Faisons semblant de les laisser ensemble.

LE MARQUIS *faisant signe à Sophie.*

Bon, il sort.

LE COMTE *s'arrêtant.*

Là voilà qui reparoît.

SOPHIE *s'éloignant & faisant signe à Saint-Clar.*

Je tremble.

LE COMTE.

Emparons-nous de lui, le contrat se fera;
Je m'amuserai d'eux pendant tout ce tems-là.

SCENE IV.

LE COMTE, LE MARQUIS.

LE COMTE.

Je t'aime, moi; je sens que ton état me touche.
Ne crois ni m'éviter, ni me fermer la bouche.
J'ai goûté tes avis, & je veux à mon tour
T'apprendre un peu l'étiquette du jour.
Au tems jadis, on étoit petit-maître,
On avoit de grands airs, & l'on faisoit du bruit;
On devint élégant, sans peine j'ai su l'être,
Du goût, de la figure & du jargon suffit.
Le ton de persiffler demande plus d'esprit:
Tu ne sens pas combien ce rôle est difficile;
Pour persiffler il faut des droits,
Parler, juger de tout en connoisseur habile,
S'en mêler même quelquefois.
Melcour se plaint d'avoir une ame trop sensible,
Quand il veut plaire aux gens à sentiment,
Des traits d'honnêteté semés adroitement,
A Monmoreuil font tout l'honneur possible.
En fait d'honneur sur-tout on trompe à peu de frais;
Mais il faut du calcul, la regle est infaillible;
Savoir sacrifier de petits intérêts,
Vous donne le renom d'un homme incorruptible;

C'eſt de ce manteau-là qu'il faut être couvert;
La choſe nuit, mais le nom ſert.

LE MARQUIS.

Ce ne peut être-là, je crois, votre ſyſtème;
Mais en tout cas votre calcul eſt faux:
Le beau plaiſir de plaire aux ſots,
Pour être en horreur à ſoi-même!
Si je me hais, qu'importe que l'on m'aime,
Toujours craindre de voir ſes coupables travers,
Malgré tous ſes efforts au grand jour découverts,
N'eſt-ce pas un ſupplice extrême?
Car tôt ou tard enfin il arrive un moment
Où le plus fin s'oublie, où l'acteur ſe dément,
Quand le rôle eſt trop difficile;
Les autres ont des yeux, l'inſtant n'eſt pas prévu,
La nature l'emporte, & bientôt l'homme eſt vu:
A la ſaine raiſon l'honnête homme docile
Sans effort vit content, ſans calcul eſt utile,
C'eſt pour lui qu'il eſt eſtimé,
Malheureux, il eſt plaint, aimable, il eſt aimé,
Son commerce eſt toujours plus ſûr & plus facile,
Il eſt ſans crainte, ſans détours,
Et ce qu'il eſt une heure, il le ſera toujours.

(*Il veut ſortir.*)

LE COMTE *l'arrêtant.*

La morale me plaît, elle eſt neuve & brillante;
Voilà ce qu'on appelle une tête penſante.
Mon calcul eſt donc faux; l'avis eſt important,
Il vaut bien qu'on y réfléchiſſe:
Et qui t'a dit qu'on craigne tant,
Et que ſoi-même on ſe haïſſe?

Tu peux te rassurer sur l'un & l'autre point,
Je n'appréhende rien, & je ne me hais point.
Ma foi je goûte un sort des plus dignes d'envie,
Et ma fortune est en bon train,
Il suffit seulement de faire son chemin,
Dès qu'il est fait, c'est pour la vie.
Par de bons yeux alors que l'on soit pénétré
En est-on moins considéré?
Vois les gens dont Paris abonde,
Les petits parvenus dont le flot nous inonde,
La femme dont le nom est le plus déchiré,
L'homme le plus déshonoré,
Sont tous également bien reçus dans le monde.
On aura parlé d'eux dans le tems; c'est assez,
Ils ont fait prudemment le plongeon, & du reste,
Dans ce court discrédit, par d'autres remplacés,
De l'esprit du public leurs torts sont effacés,
La honte passe & la fortune reste.
Que d'exemples frappans à nos yeux retracés!
Promene tes regards un peu sur la finance,
Tous ces hommes nouveaux sur la noblesse antés,
Font même pour les grands briguer leur alliance,
Et les plus riches sont les mieux apparentés.
Va-t-on examiner d'un regard bien sévere
La noblesse du fils, la probité du pere?
Chicanne-t'on les qualités,
Honneurs, plaisirs, amis, pleuvent de tous côtés.
Le riche a tout pour lui. L'indigent au contraire,
Avec tous ses talens, son esprit, sa vertu,
N'a qu'un mérite à fonds perdu.
Qu'on l'accuse, qu'il ait quelque fâcheuse affaire,
A coup sûr il est opprimé;

C'est l'état que l'on juge & non le caractere ;
On se sert contre lui, même de sa misere,
Et l'on dit, sans en être autrement informé,
La nécessité fait tout faire.

LE MARQUIS.

C'est ainsi que l'on peint & la Ville & la Cour
Dans le cercle étroit qui t'admire ;
Tu crois m'avoir instruit de l'histoire du jour,
Tu n'en as fait que la satyre.
Que sont les hommes, selon toi ?
Des malheureux qui n'ont *ni foi ni loi*,
Et qui, par un calcul aussi faux que facile,
N'ayant jamais gouté les vrais plaisirs du cœur,
Pensent que la vertu, la nature & l'honneur
Ne valent pas un crime utile.
Vilsin, reviens de ton erreur.
La nature, crois-moi, de monstres est avare ;
Un cœur foible est commun, le scélérat est rare,
Son masque peut tromper, mais son front fait horreur.
Tu ne m'offres la mer qu'au milieu des orages ;
Tu crois trop aux méchans, aux fourbes, aux ingrats ;
S'ils sont plus connus que les sages,
Le crime fait du bruit, la vertu n'en fait pas.

LE COMTE.

Aussi voilà pourquoi, mon cher, tu n'en fais guére :
Ensemble, quelque tems, nous avons fait la guerre,
Exact à tes devoirs, marchant à tout propos,
Tu t'es battu comme un héros,
On ne dira pas le contraire.
Eh bien, moi, par exemple, en en faisant autant,
Je me suis intrigué, j'ai parlé, j'ai sû plaire,

Et

Et j'ai monté rapidement:
Et toi, tu viens d'avoir à peine un Régiment.
Tu n'as pour réussir qu'un moyen, j'en ai cent,
Et ton moyen est si vulgaire!
Entre nous, tu n'as pas la tournure qu'il faut,
C'est-là surtout ton grand défaut;
Un pauvre diable croit qu'il suffit de bien faire;
Il voit que non, il a vingt malheurs coup sur coup;
L'humeur le gagne, il devient loup garou;
Car l'austère équité dont on fait étalage,
N'empêche pas que l'on enrage;
La fausse honte encor quelque tems nous retient,
Puis on s'impatiente, on part & l'on revient
Peu satisfait de soi, comme de son voyage.

LE MARQUIS.

Dans tout ce que tu dis je vois ta vanité
Qui se plaît à s'en faire accroire;
Abuse bien de ta victoire,
Je n'attendois pas moins de ta malignité.
Quelques soient les malheurs qui traversent ma vie,
Ton succès du moment n'éblouit point mes yeux;
Sois, avec ton systême, heureux, si tu le peux,
Je ne te porte point envie.
J'attendrai l'avenir sans plaindre le présent,
Et sans craindre jamais le repentir cuisant
Dont la perversité tôt ou tard est suivie:
Tout mortel a sa peine, & surtout le méchant;
Le seul honnête homme est tranquille;
Dans le sein des revers restât-il sans appui,
Le nom qu'il s'est fait est à lui,
Son propre cœur est son azile.

SCENE V.

LE COMTE, LE MARQUIS, LA MARQUISE, SOPHIE.

LE COMTE.

Vous venez au salon pour y trouver Saint Clar.

SOPHIE, *voyant le Comte.*

Ah Ciel!

(à la Marquise.)

Retirons nous.

LE COMTE.

Restez, Mademoiselle,
Je suis discret, peu gênant, très-fidele;
Rassurez-vous à mon égard.
Vous consentez à couronner ma flâme.

LE MARQUIS, *à la Marquise & à Sophie.*

Qu'entends-je!

LE COMTE.

Si tu veux en paroître offensé,
Attends donc qu'elle soit ma femme.

LE MARQUIS.

Ta femme!

LE COMTE.

Oui, mon ami.

(à part.)

Le Contrat est passé;

Et je peux maintenant les laisser.

(*haut.*)

La Comtesse

Flatte de cet espoir mon amour empressé.

LE MARQUIS.

La Comtesse, dis-tu ?

LE COMTE.

Mais oui, j'ai sa promesse.
Je devine pourquoi cet aveu là te blesse :
On veut se faire un sort, on aime éperduement,
On a devant les yeux l'objet de sa tendresse ;
Sans doute il est désespérant
De ne se pas hausser d'un cran,
Et de perdre encore sa maîtresse.

(*il sort.*)

LE MARQUIS.

C'en est trop, vos discours me fatiguent enfin.

SCENE VI.

SOPHIE, LE MARQUIS, LA MARQUISE.

LA MARQUISE.

MÉprisez-les, hâtons nous, le tems presse,
Sachez que vous avez un rival dans Vilsin,
Que Sophie est forcée à lui donner la main.

SOPHIE.

Ne perdons pas de vue un moment la Comtesse.

LA MARQUISE.

Je viens de m'y prendre si bien
Que vous obtenez d'elle un secret entretien ;
Je la connois comme moi-même,
Elle vous estime & vous aime ;
Ouvrez-lui votre cœur & ne redoutez rien.

SOPHIE.

Si vos efforts, Saint Clar, ne peuvent pas suffire,
J'aurai la force de tout dire ;
Je me jette à ses pieds, je lui parle de vous,
Je lui peindrai si bien la douleur qui me presse,
Je veux de tant de pleurs arroser ses genoux,
Qu'elle approuvera ma tendresse.

LE MARQUIS.

Combien je suis ému, pénétré, satisfait !
Ce langage ingénu de la simple innocence,
Même au sein du malheur est une jouissance
Que la seule vertu connoît.

Fin du second Acte.

ACTE III.

SCENE I.

LA COMTESSE, LE COMTE.

LA COMTESSE *à part.*

C'EST ici que Saint-Clar demande à me parler.

LE COMTE *à part.*

Ce tête à tête là me cause de l'ombrage.

LA COMTESSE, *à part.*

Peut-être il fait le mariage
Que j'ai dessein qu'il fasse, ah! je vais le combler.

LE COMTE *à part.*

Mais j'aurai soin de le troubler.

SCENE II.

LA COMTESSE, LE COMTE, LE MARQUIS.

LE MARQUIS *à part.*

(*le Comte salue la Comtesse tandis que le Marquis parle.*)
(*Voyant le Comte avec la Comtesse.*)

ENCORE! Eh quoi! Jamais je ne puis l'éviter!

Il a bien l'art de me déplaire.
Je jurerois qu'il va rester.
L'insupportable caractère !
Sa présence à la fin commence à m'irriter.

LA COMTESSE.

Comte, j'avois tantôt regret de vous quitter ;
Saint-Clar est très-plaisant quand il est en colère.

LE COMTE *voyant le Marquis.*

Oui, très-plaisant.

LE MARQUIS.

Allons, tachons de l'écarter.

(Quand le Marquis s'approche, le Comte fait faire quelques pas à la Comtesse.)

LE COMTE.

Saint-Clar par ses talens, ses mœurs & sa naissance,
Peut prétendre aux partis les plus avantageux ;
On pourroit en trouver sur-tout dans la finance.

LA COMTESSE.

Eh bien, moi, j'ai trouvé ce qu'il lui faut.

LE COMTE.

Tant mieux,
Je sens que je jouis, cela m'affecte l'ame ;
Je vous reconnois là, Madame,
Ainsi d'un prompt himen il va former les nœuds.

LE MARQUIS.

Pourrai-je sans témoin.

LE COMTE *à part.*

Sans témoin si tu peux.

LA COMTESSE.

Je regarde Vilsin comme de la famille,
Il ne tient plus qu'à vous d'épouser une fille
Riche d'un million.

LE COMTE.

Comme on prévient les vœux,
N'est-ce pas, mon ami?

LE MARQUIS *à part.*

Quel contretems fâcheux!

LA COMTESSE.

C'est une fille unique, elle aura davantage.

LE COMTE.

Un million, Marquis, l'excellent mariage!
Le spectacle pour moi le plus délicieux,
Madame, c'est de voir un galant homme heureux.

LA COMTESSE.

Elle n'a que quinze ans tout au plus, & son pere
Est un Négociant d'Hambourg,
C'est un des plus fameux.

LE COMTE.

Vous l'appellez.

LA COMTESSE.

D'Ausbourg.
La fille est bien, dit-on.

LE COMTE.

N'ai-je pas vû la mere.

LA COMTESSE.

C'est un de ces partis comme l'on n'en voit guère.

LE COMTE.

Et même comme on n'en voit pas.

LA COMTESSE.

Quoi! Misantrope que vous êtes,
Un million & des appas....

LE MARQUIS.

Je ne puis accepter l'offre que vous me faites.

LA COMTESSE.

Parlez-vous tout de bon?

LE COMTE.

Ma foi, je n'en crois rien.

LE MARQUIS.

Je ne suis point tenté de sa fortune immense,
Ceux qui font autrement peut-être font très-bien,
Mais l'argent selon moi ne vaut pas la naissance,
Et mon sang n'est pas fait pour s'allier au sien.

LA COMTESSE.

Comment! votre fierté, Marquis, se scandalise.
Ah! voilà du nouveau; la proposition
Est choquante en effet: quinze ans, un million;
De grace excusez moi, c'étoit une méprise,
Cet enfant terniroit l'éclat de votre nom,

Votre délicatesse est sur-tout de saison;
Rejetter un parti que l'usage autorise
C'est être philosophe, ô vous avez raison!

LE COMTE.

Parlons vrai, c'est orgueil, vanité toute pure.
Le sage ne craint point de se mésallier,
Ne sommes-nous pas tous égaux par la nature?
Le grand mal d'épouser le bien d'un roturier!
Ce scrupule allemand est bon dans ces Chapitres
Où de pauvres Cadets jaloux de leurs vieux titres,
Victimes de l'orgueil & de l'oisiveté
Égorgent leur postérité.
On a cessé de croire à ces graves chimeres,
A ces riens importans dont on berçoit nos peres,
Et de philosopher devenus plus jaloux,
Nous voyons par nos yeux, nous pensons d'après nous.
Par sa solidité l'Homme du Monde étonne,
Nos Femmes, nos Abbés, à présent tout raisonne:
Vous entendez les grands vanter l'égalité,
Même *certaines gens* parler d'humanité,
Et lorsqu'à nos soupers, Madame, on apprécie
Le néant des grandeurs, ces revers de la vie,
De l'argent qui fait tout, on voit l'utilité.
Reviens de ton erreur, épouse & remercie
Ce siecle de finance & de philosophie.

LE MARQUIS.

Quel systême inoui! quel abus criminel!
C'est ainsi qu'on séduit la jeunesse crédule,
On cherche à colorer le poison qui circule,
On se dit philosophe, on n'est que personnel.

LA COMTESSE.

Quand ce feroit, voyez le beau fcrupule;
Il en réfulte un bien réel;
Vivre un peu pour foi-même eft-il fi ridicule?
D'ailleurs ne rit-on pas de ces hommes nouveaux,
De tant de Parvenus échapés des Bureaux,
De ces grands Seigneurs de Finance
Qui veulent marcher nos égaux?
La vérité du fait, c'eft que leur alliance
A fouvent étayé nos meilleures maifons,
Et réalifé l'exiftence
Du mérite indigent qui porte de grands noms.
Rien ne fert le mérite autant que l'opulence;
Avec bien plus d'éclat on paroît au grand jour,
C'eft un poids que l'on met pour foi dans la balance.
On trouve à s'arranger d'une charge à la Cour;
Car il faut y tenir. La chofe d'importance,
Cher Marquis, c'eft d'avoir un pied dans ce féjour.
Cela peut mener loin même fans qu'on y penfe.
(Au Comte.)
Penfez-y bien. — N'eft-il pas vrai?

LE COMTE.

C'eft fûr.
Oui, nous te marirons malgré ta répugnance.
Madame, je prétends le mettre au pied du mur,
Il faut le contenter fur l'objet qu'il demande.

LA COMTESSE.

Comment?

LE COMTE.

En illuftrant fa petite Marchande.

(*Au Comte.*)

Tu n'as qu'à dire. En ta faveur
Je lui fais cent ayeux. Veux-tu qu'elle descende
D'un Baron, d'un Margrave, ou bien d'un Empereur?
Il n'en coute pas plus; mais sans plaisanterie,
J'établirai si bien sa généalogie,
Que rien n'y manquera. Je trouve intéressant
Un honnête Bourgeois qui se réabilite;
Rien n'est si commun à présent
Qu'une Maison qui ressuscite.

LE MARQUIS.

Et moi je ne vois rien de plus avilissant;
Vous croyez que j'irois, insolemment faussaire,
Marchander pour ma femme un titre imaginaire.
J'avouerois ce qu'elle est, Monsieur, en l'épousant:
L'honnête homme sorti d'une source vulgaire
A mes yeux est cent fois plus grand
Qu'un faquin illustré qui rougit d'un beau-pere,
Et qui monte aux honneurs en se déshonorant.

LE COMTE.

Comment, Marquis! tu crois donc si facile
De se déshonorer? Ne le peut pas qui veut;
Je vois qu'en faisant ce qu'on peut,
On prend le plus souvent une peine inutile.

LE MARQUIS.

Comte, je suis choqué de tout ce que je vois.
Je vous le dis pour la derniere fois.
Je méprise le persiflage
Et le jargon sentimenté

Dont on fait un plat étalage,
Et les grands airs sans dignité.
(*à la Comtesse.*)
Pardonnez ce transport, il est involontaire,
Je ne suis point homme de cour,
Et malgré moi, les maximes du jour
Me transportent souvent d'une juste colere.
Madame vos bontés vous ont donné des droits
Sur moi, sur ma reconnoissance.
Un autre obstacle encor plus grand que la naissance
S'oppose à vos desseins. J'aime, j'ai fait un choix,
J'ai consulté non l'opulence,
Mais la vertu, l'esprit, les talens, la décence.
Peut-être est-ce de vous que j'attends mon bonheur,
Souffrez qu'en ce moment je garde le silence,
Bientôt vous lirez dans mon cœur.

SCENE III.

LA COMTESSE, LE COMTE.

LE COMTE.

Ah, Madame, je vous admire;
Vous persiflez les gens d'un air si sérieux,
Qu'on ne peut s'empêcher d'en rire;
Pour s'en appercevoir, il faut d'excellens yeux.

LA COMTESSE.

Moi, je persifle!

LE COMTE.

On ne peut mieux.

LA COMTESSE.

Je ne ſais point du tout ce que vous voulez dire.

LE COMTE.

J'aime votre ſang-froid, il eſt délicieux,
Moi-même vous voulez me plaiſanter peut-être.

LA COMTESSE.

Mais non, en vérité,

LE COMTE.

C'eſt ce qui me paroît.
Avouez que l'orgueil de Saint-Clar vous déplaît,
Que vous l'avez raillé, qu'il méritoit de l'être;
J'ai vû que vous preniez d'abord adroitement
Le ton de l'interêt, l'air de la bonhomie.

LA COMTESSE.

Vous l'avez remarqué?

LE COMTE.

Dès le premier moment,
Et vous l'aſſaiſonniez d'une fine ironie,
De certains traits malins : avouez

LA COMTESSE.

Franchement
Il en eſt quelque choſe.

LE COMTE.

Eh mais aſſurément.

LA COMTESSE.

Ce n'étoit de ma part qu'une plaiſanterie.

LE COMTE.

Oh, c'étoit fort innocemment.

LA COMTESSE.

Je crains qu'il ne s'en soit apperçu.

LE COMTE.

Nullement.

LA COMTESSE.

Tant mieux. Concevez-vous que l'on soit assez Dupe
Pour être ainsi berné sans s'en appercevoir?
Non, rien n'est si plaisant.

LE COMTE.

Ni si facile à voir.
Me cacher son secret est tout ce qui l'occupe,
Et peut-être croit-il qu'il vous est échappé.
Comme il s'en applaudit! Comme il est attrapé!
Car vous n'ignorez pas quel est l'objet qu'il aime,
Vous savez comme moi que c'est quelqu'un d'ici.

LA COMTESSE.

D'ici? c'est donc Sophie, elle est la seule.

LE COMTE.

Eh oui,
Vous l'avez pénétré, c'est Sophie elle-même.
Quand je ne devrois pas l'épouser aujourd'hui,
Il faudroit le guérir de cette *ardeur extrême*
Et la lui refuser par amitié pour lui.

LA COMTESSE.

Sans doute.

LE COMTE.

Dites moi, quel adroit stratagême
Vous allez employer pour rompre ses desseins
Et pour en venir à vos fins ?

LA COMTESSE.

Je n'en sais rien encor.

LE COMTE.

Fort bien.

LA COMTESSE.

Je vousle jure.

LE COMTE.

Je vous vois cependant un air qui me rassure,
J'ai très bien deviné, je vous approuve fort.

LA COMTESSE.

Qu'avez-vous deviné ?

LE COMTE.

Ce que vous allez faire.

LA COMTESSE.

Mais expliquez-vous donc.

LE COMTE.

Dites-moi si j'ai tort?
Aux regards de Saint-Clar vous allez vous soustraire ;
S'il vouloit vous parler, ne fusse qu'un moment,
Vous le refuseriez impitoyablement.

LA COMTESSE.

Oui. Je vais presser le Notaire.

LE COMTE.

Non. Je vous l'enverrai dans le plus grand mystere —
Et comme de nos faits nous sommes convenus,
Alors que nous aurons terminé notre affaire,
Saint-Clar à vos desseins ne s'opposera plus.

LA COMTESSE.

C'est ce que j'ai pensé.

LE COMTE.

Je le crois.

LA COMTESSE.

Oui, c'est prendre
Le moyen le plus sûr que nous puissions avoir.

LE COMTE.

Tout le tems qu'il auroit une lueur d'espoir,
Vous sentez quelle peine il auroit à se rendre.

LA COMTESSE.

Sans doute.

LE COMTE.

Il est à plaindre avec sa probité.
De quoi se fâche-t'il? D'une chose ordinaire;
Eh comment vivroit-on dans la société?
En ne faisant jamais que ce que l'on doit faire,
Bon nombre de maris ne seroient plus trompés,

Et

Et tous nos merveilleux seroient bien attrapés.
De quoi parleroit-on ? De fadeurs éternelles.
Il seroit beau vraiment d'apprendre pour nouvelles
Que tous nos gens de Cour sont de preux Chevaliers,
De voir de nos Robins les têtes sans cervelles
Prendre des airs moins cavaliers ;
De ne plus rencontrer que des femmes fideles,
De ne plus réussir par le secours des belles,
Et de payer ses créanciers.
Il vaut mieux s'affranchir d'une chaîne incommode.
D'ailleurs c'est le goût d'aujourd'hui,
La tolérance est à la mode.
Et l'on prend son cœur par autrui.

SCENE III.

LA COMTESSE, LA MARQUISE.

LA COMTESSE.

AH ! que Vilsin me plaît, que j'aime sa tournure !
Une femme ne peut qu'être heureuse avec lui.
Il sera bon époux.

LA MARQUISE.

Comme il est bon ami.
Je viens vous faire part de certaine aventure :
Du Comte de Vilsin j'ai voulu m'informer ;
Vous l'estimez beaucoup, je viens vous confirmer
Dans votre opinion.

LA COMTESSE.

Oh ! j'en étois bien sûre.

Outre qu'il a pour lui l'esprit & la figure,
Il a de la candeur, il a du sentiment
Et de la grace infiniment.

LA MARQUISE.

Mais oui, de la candeur sur-tout, je vous le jure.
Tenez, à son sujet voilà ce qu'on m'écrit.

LA COMTESSE *lisant.*

» *Félicitez la petite Sophie, elle a gagné son procès* «

Tout cela m'est égal; Valsin a ma parole.

» *On ne parle que de la plaisanterie qu'il a faite à*
» *la Baronne d'Arete.* «

Il est toujours plaisant, toujours gai, j'en rafole.

» *La Baronne en est furieuse, elle veut se venger,*
» *l'affaire aura des suites.* «

Le mal est il si grand, pour faire un si grand bruit?
Marquise, se venger est d'une petite ame.

LA MARQUISE.

Lisez, lisez! ...

(*à part.*)

La bonne femme!

LA COMTESSE.

» *Le tour qu'il a joué hier à Compiegne,* «

Comment donc, à Compiegne? il ne m'en a rien dit.

» *Quoique moins grave, m'affecte davantage, parce*
» *que c'est à notre bonne amie la Comtesse de Ponthieu ;*
» *elle l'a pris, pendant plus d'une heure, pour une étran-*
» *gere avec laquelle elle vouloit conclure.......*
Je ne puis revenir de ma surprise extrême
Cette femme d'Ambourg étoit...!

LA MARQUISE.

Étoit lui-même.

LA COMTESSE.

Mais j'avois donc perdu l'esprit.
Comment ? persiffler une femme
Comme moi! Mais, en vérité,
C'est une impertinence, une légèreté....

LA MARQUISE.

Et qui mérite bien qu'on lui rende, Madame.

LA COMTESSE.

Ah! je veux qu'il apprenne à connoître ses gens,
Je pense qu'avec moi ce ton-là ne va guères ;
~~Ce n'est qu'un feu de [illegible]~~

LA MARQUISE.

Un *procédé si leste* est bien fait pour déplaire?

LA COMTESSE.

Vous voyez cependant que je suis sans colere.

LA MARQUISE.

Eh! mais, sans doute, je la vois.

LA COMTESSE.

Se travestir, avoir la bassesse de faire
Le bouffon, le plaisant des soupers; quel emploi!
C'est d'un si mauvais ton!

LA MARQUISE.

D'accord. Promettez-moi
Que notre ami Saint-Clar épousera Sophie.

LA COMTESSE.

Oui, c'est indigne à lui.

LA MARQUISE.

Comtesse, je vous prie,
Unissez-les, tous deux s'aiment de bonne foi!

LA COMTESSE.

Oui, je m'en vengerai.

LA MARQUISE *faisant signe à Sophie & au Marquis.*

Venez.

SCENE IV.

LA COMTESSE, LA MARQUISE, LE MARQUIS, SOPHIE.

SOPHIE *à la Comtesse.*

Je vous supplie
De m'entendre,

LA COMTESSE.

Arrêtez, vous vous aimez tous deux.
Je le sçais, je l'approuve, & vais vous rendre heureux.

LE MARQUIS *à la Comtesse.*

Madame, à mes transports mon cœur ne peut suffire.
Quoi, je serois heureux? quoi, mon sort est changé?

LA MARQUISE.

Paix, Marquis.

LE MARQUIS.

Que voulez-vous dire?

LA MARQUISE.

Paix, avant que Vilsin ait reçu son congé,
Il faut qu'il soit puni, que vous soyez vengé.
(*à la Comtesse.*)
Il vient. Remettez-vous.

LA COMTESSE.

Oui.

SCENE V. ET DERNIERE.

LA MARQUISE, LA COMTESSE, LA BARONNE, SOPHIE, LE COMTE, LE MARQUIS, LE NOTAIRE.

LA COMTESSE *au Comte.*

Vous venez de lire

Vos lettres de Paris, que peut-on vous écrire?

(*La Marquise parle tout bas au Notaire qui acheve le contrat.*)

LE COMTE.

Un fait original vous ne le croiriez pas.
J'ai Madame de Rive à présent sur les bras.
La Baronne d'Arcie a fait un étalage.

LA COMTESSE.

Les sots crieront toujours contre le persiflage.

LE COMTE.

» *Ce badinage est d'un homme qui sacrifie trop le* » *cœur à l'esprit. Il faut distinguer les principes des* » *conventions. Il est des choses qui, sans être préci-* » *sément mal, ne vont pas à des âmes honnêtes &* » *sensibles.* «

Remarquez-vous comme on écrit;
Comme on est à la fois profond & bel esprit?
C'est, avec le vernis de la philosophie,
Un stile entortillé, que j'aime à la folie.

» *Vous êtes sûrement perdu, si l'affaire n'est as-* » *soupie. Vous n'avez que deux partis à prendre, de* » *venir sur le champ à Paris, ou de charger quel-* » *qu'ami.* «

LA MARQUISE.

Un ami, ce n'est point difficile à trouver.

LA COMTESSE.

Sans doute, & surtout pour le Comte.

LE COMTE.

L'amitié, c'est mon foible, & je dois avouer
Que mes amis. . . . .

LA COMTESSE.

Il faut une réponse prompte:
Ecrivez donc, afin de pouvoir achever
Votre mariage.

LE COMTE.

Oui

LA COMTESSE.

Qui chargez-vous?

LE COMTE.

Je compte
Charger. . . . permettez-vous?

LA COMTESSE.

Agissez sans façon.

LE COMTE.

Si j'écrivois à Montlusson,
J'aurai bien, si je veux, De Bruieres, Terville,
J'ai bien Melcour, Monmoreuil & Talmur,
En fait d'amis, j'en pourrois conter mille,
Ce n'est pas l'embarras.

LA COMTESSE.

Mais le point difficile
Est d'en trouver un qui soit sûr.

LE COMTE.

Celui que je croirois le plus sûr, & qui m'aime.

LA COMTESSE.

Quel est-il ?

LE COMTE.

Devinez.

LA COMTESSE.

Mais encor.

SOPHIE.

C'est lui-même.

LA MARQUISE.

Comte, cet ami là vous a nui bien souvent.

LE COMTE.

Tout bien considéré, Madame ;
Je crois que le plus court est d'aller à Paris,
Je connois la Duchesse; on sait bien qu'elle est femme
A faire retentir Versailles de ses cris.
Je pars, & reviendrai dès demain je vous jure ;
Je vais toujours signer le Contrat, s'il est prêt.

LA COMTESSE.

Vous voulez nous quitter, ô non pas, s'il vous plaît.

LE COMTE.

De grace, songez donc !

LA COMTESSE.

Fi, bagatelle pure ;
Vous ne parlez pas tout de bon.

Ne m'avez-vous pas dit que Precourt, Terrasson,
Etoient vos amis dès l'enfance ?

LE COMTE.

J'en conviens ; mais faut-il dire ce que j'en pense ?
De ce trait-là s'ils étoient informés,
Au fond de l'ame ils en seroient charmés.
Je verrois aussi-tôt sur moi fondre l'orage.
Quelle joye ils auroient de me timpaniser !

LA COMTESSE.

Quoi ! même vos amis voudroient s'autoriser . . . ?

LE COMTE.

Ce sont tous mes amis que je crains davantage.

LE NOTAIRE.

Le Contrat est passé.

LE COMTE *à Sophie.*

Voilà
Un Contrat qui m'en donnera
Des amis.

(le Notaire présente le Contrat.)

SOPHIE.

Croyez-vous ?

LE COMTE.

O je vous en assure.

(à la Baronne.)
Son doute est d'un très-bon augure.

SOPHIE.

Moi, je ne vois pas trop comment ce Contrat-là
Pourra vous en donner.

LE COMTE *prenant la plume des mains du Notaire.*

Marquis en conscience
Dis moi, qu'en pense-tu?

LE MARQUIS.

Je pense
Ce que j'ai dit tantôt, *l'instant n'est pas prévu,*
La nature l'emporte & bientôt l'homme est vû.
On te connoît enfin, cela doit te suffire.

LE COMTE.

(à la Comtesse.)
Tu t'applaudis. Que veut-il dire?
Je signe le contrat.

LA COMTESSE.

Je conviens de ce point,
Oui, vous l'allez signer, mais c'est comme témoin

LA BARONNE, *en riant.*

Ah! le tour est affreux.

LA COMTESSE.

Il ne peut vous surprendr
Car après tout, à le bien prendre,
Je n'ai fait que tourner vos armes contre vous.
Vous nous avez persiflé tous,
Et j'ai crû devoir vous le rendre.

LA MARQUISE.

nsi gardez-vous bien de vous en prendre à nous;

LE MARQUIS.

ces jeux de l'esprit le frivole étalage
votre âge est peut-être un simple badinage;
ais plus tard c'est un vice & non pas une erreur.
Songez bien qu'un vieux persifleur
t un homme blazé qui masque son visage,
n esprit faux qui brille aux dépens de son cœur.

LA COMTESSE.

Mademoiselle a l'ame honnête & pure,
je dois lui laisser la liberté du choix.
ndeur, humanité, sentiment & nature,
nt des mots que je dis rarement, mais j'y crois.

LE COMTE.

Vous y croyez? & moi pareillement.
Sur un prétexte un peu frivole
Vous dégagez vôtre parole,
Et vous me parlez sentiment,
C'est à merveille assurément.
Dans le commerce de la vie
aut-il appésantir la chaîne qui nous lie?
'est pour la liberté que les hommes sont faits;
les engagemens sont des vœux indiscrets.
ous comptiez me punir, ne prenez pas le change;
Je vous parle de bonne foi,
me sens assez grand pour triompher de moi.
Apprenez comme je me venge.
(*à Sophie.*)
e l'himen avec vous en formant les liens,

Je vous faisois rentrer dans tous vos biens;
Je vous les rends, j'en donne ma parole.
J'ai pouvoir de mon Pere. Il n'est plus de procès;
Point de remercimens. Pour sauver les délais
Il faut que je me rende à Paris, & j'y vole.

LA BARONNE.

Au moins le trait est noble.

LA COMTESSE.

Étalage frivole.
Son procès est perdu.

LA BARONNE *riant*.

Fort-bien.

LA COMTESSE.

Dans tous les cas.
Je fais du reste mon affaire.
Convenons que malgré tous ses efforts pour plaire;
Un PERSIFLEUR amuse & n'intéresse pas.

Fin du troisiéme & dernier Acte.

APPROBATION.

J'AI lû, par ordre de Monseigneur le Chancelier, le *Persifleur*, Comédie en vers, & en trois actes; & je n'y ai rien trouvé qui puisse en empêcher l'impression, A Paris ce 4 Mars 1771. CRÉBILLON.

www.ingramcontent.com/pod-product-compliance
Lightning Source LLC
LaVergne TN
LVHW010617110826
845149LV00003B/948

* 9 7 8 2 0 1 9 1 9 4 5 4 3 *